La letra y el escriba
Poemas de vida, amor y pesares

La letra y el escriba
(Poemas de Vida, amor y pesares)

por
Gustavo Vigoa

Para todos los que han vivido conmigo cada una de estas letras.
Muy especialmente para mis hijos.

A MODO DE PRÓLOGO

"Cada letra puede ser toda la vida
del lector que la bendice o que la ignora;
para mi son **la letra y el escriba**
marcadores infalibles de mis horas."
(*CIERTO VERSO*, 2014)

Gustavo Vigoa A. (San Cristóbal, Pinar de Río, Cuba, 1965) es uno de esos poetas de la tierra, de clave emocional espontánea y origen campesino tan característicos de la tradición en lengua española, tanto en España como en Latinoamérica. Poetas a contrapelo de cenáculos intelectuales, mecenazgos, academias y talleres literarios. Poetas porque sí, que brotan de la experiencia y muchas veces pagando un alto precio personal por su vocación. Poetas que no destilan sus versos en la alquimia de las corrientes de moda y en los que se pueden atisbar, no obstante, las corrientes profundas de la creación lírica de nuestra literatura compartida.

Los textos condensados en este cuaderno *La letra y el escriba* abarcan, por su contexto y selección, casi tres décadas de labor creativa del poeta. Por su intensidad y sustrato vivencial, destacan el abanico de la poesía temprana (mediados y fines de la década de 1980) hasta poemas de nuestros días.

Son composiciones líricas que reúnen tres momentos vitales. El primero, que está ampliamente representado aquí. Son los años de destacado activismo estudiantil de Vigoa como dirigente estudiantil universitario en épocas de intenso cambio (no sólo en los marcos del socialismo europeo y soviético, sino de la geopolítica global), que abarca el lapso entre 1987 y 1988, en la Universidad Estatal de Odessa (Ucrania, URSS).

Época convulsa, porque se vivía un cambio de paradigmas, que por razones complejas darían al traste con la experiencia del llamado socialismo real. La tensionalidad de ese período fue tal, que el incipiente poeta no pudo terminar sus estudios de Física, fue repatriado a Cuba en el año previo a la culminación de la carrera.

Vendría luego su experiencia en la Isla durante la época del llamado "período especial", marcada por carencias, retrocesos, bloqueos internos y externos, hasta su exilio ya a inicios del siglo XXI en los Estados Unidos, donde se desempeña como camionero en la ciudad de Tampa, estado de la Florida.

Los textos del primer período y parte del segundo son de fuerte intensidad y frescura. En ellos los referentes al contexto se vislumbran en la emoción de su lectura subtextual o entre líneas. El propio autor los reconoce como sus poemas más queridos, cuya edición no ha sido fácil puesto que mantienen a ras de piel toda la crudeza, esperanzas, atisbos, deseos y "pesares" de un momento de crecimiento ético y expresión estética.

Aunque estos poemas no se escriben siguiendo la receta de instituciones establecidas como talleres literarios, concursos de poesía o adherencia a grupos de autores jóvenes, que eclosionaron en la Isla en ese lapso de los años ochenta, sí se nota un sustrato de preocupaciones que estarían presentes en la Literatura de los hijos de la Revolución Cubana durante esa época.

Hay una búsqueda, quizás espontánea por lo identitatario, las raíces, lo campesino y un sinnúmero de asideros en el estilo, que mencionaremos brevemente en lo adelante, nacidos en conexión con las tradiciones de la poesía cubana del período.

Los textos más recientes, que en su mayoría se corresponden a su etapa actual, marcados por la madurez, la vida en el exilio estadounidense, la familia, la pérdida de seres queridos, el recuento vivencial y su balance, son composiciones que tienden a reflejar sabiduría y una construcción estética más pausada; son menos viscerales y más reflexivos y forman un interesante contrapunto con los de los años de juventud. Su selección en el poemario, más que criterios cronológico, sigue un rasero de espiritualidad creciente, convirtiendo *La letra y el escriba* en un cuaderno balanceado y de grata bienvenida, dentro del vasto panorama de la poesía cubana del cambio de siglo.[1]

Para abundar algo más en lo estilístico que define este lapso de la Poética de Gustavo Vigoa, me atrevería a apuntar lo siguiente:

Se encuentra un **arsenal de símbolos y metáforas** que se convierten en constante. La *infancia* (el niño, la familia), la *mano izquierda* (metáfora de sentir humanista apegado a valores no mezquinos, un modo de ser y hacer, como ética de vida), la *luz versus sombras*, lo cenital, estrellas, centellas, *vida versus lo oscuro* (muerte más moral que física), pulsiones negativas, traición, desencantos...[2]

---

[1] Considero muy acertada la_*lógica de selección* de los textos poéticos... Han sido colocados de modo que nos adentramos en el mensaje o motivo lírico del autor del poemario, que nos lleva de la mano de manera balanceada a acceder a una *visión equilibrada de 3 ejes temáticos*: (1) **aprendizaje vital** con sus raíces y anclajes; (2) la *tensionalidad para sostener una determinada visión ética* y de responsabilidad personal y colectiva en su conducta adulta y (3) los *hilos emocionales y de sentimiento de sus relaciones intersubjetivas* (apegos, identidad, afectos filiales y amor de pareja).

[2] "Porque nadie engaña al prado
ni al rocío en la sabana,
nadie quita a la mañana la belleza de su niebla,
nadie roba cuanto enseña mirar que bello amanece

En este sentido, *se observa en los **poemas más tempranos** preocupaciones existenciales serias, cargadas de tensión y de lo que el poeta llama "pesares"... La antinomia de tiempo deseado, ideal, luz y tiempo real, que carcome, erosiona,* mata, se hace muy clara en los textos. Los **textos más actuales** tienen una *elaboración más barroca* u *otro tipo de molde* cuando se emplea con libertad los ***versos sencillos*** o en Arte menor, a veces como redondillas y cuartetas con rima asonante o consonante y *a veces como **reflexiones filosóficas** al estilo de un Antonio Machado,* un *Vallejo* en las ***imágenes surrealistas y el golpe de lo existencial***, un cierto **Neogongorismo** a lo del gran poeta español *Vicente Aleixandre* o unas ***pinceladas de la tradición del romancero castellano***. Hay pinceladas de José Martí ("Versos Sencillos") y de *Federico García Lorca.*

No obstante, se nota un ***sello propio en lo estilístico***, un *camino transitado con intuición y lecturas,* aunque, más que nada un *manantial de poesía que brota como bálsamo natural del alma de creador,* de ascendencia en su *infancia campesina, su opción* por los símbolos del entorno natural y su apego a valores como la *perserverancia y valentía,* la *virilidad con que se asumen las tensiones existenciales. A partir de estos materiales se destila el verso, en calidad de compañero espiritual y como una especie de emanación lírica.*

Un rasgo esencial de la poesía del autor es su **carácter ético**. Rasgo que a su vez representa las mejores tradiciones de la Lírica Cubana en su devenir.

mientras en tu pecho crece
de intocable enamorado,
otra frase otro retrato y otro usted imperceptible,
por los que pagas bien caro,
justo el precio de ser libre." (EL PRECIO, 2011)

En casi todos los poemas iniciales que se incluyen en este cuaderno este rasgo alcanza relieve, en especial sin acusar de manera abierta la forma panfletaria, que caracterizará a muchas formas de la llamada poesía social, sino como inconformidad con la doble moral entre la teoría y la práctica, el discurso y la acción, que condujo a la debacle de la experiencia socialista y en el epicentro de cuyos cambios le tocó vivir.

Como botón de muestra valdría citar este fragmento de uno de sus poemas:

> "yo he odiado los panfletos
> y las representaciones
> he odiado los aplausos
> que mordían desde lejos
> he sido sólo amante
> en pocas ocasiones
> en que he bajado al mundo
> que giraba entre mis dedos"
> (**PROTOCOLO**, 1988)

Una vocación de subversión del ser, de estar en un mundo alucinativo, que genera angustias existenciales, incertidumbres, riesgos absurdos, en contraposición con el supuestamente trillado sendero de la teoría social en que se había desenvuelto su vida temprana en la Cuba revolucionaria (y ahora puesta a prueba por la remoción que significaron los cambios de la Perestroika en ese instante álgido que sucedió a la llamada "Glássnost" o nueva mentalidad, traídos a luz en la Unión Soviética del segundo lustro de los ochenta, más la reacción de los círculos de poder cubanos ante esos aires, generando conflictos de mentalidad y enfrentamientos, determinadas posturas de freno), se reflejaría en las tensiones que vivió el joven poeta siendo dirigente estudiantil de una universidad soviética, sometida a esos vientos huracanados y la desmedida reacción de los funcionarios políticos de la Isla que intentaron inmiscuirse y manipular el contexto, siguiendo otras directrices.

En consecuencia el joven poeta Vigoa, que escribía sus textos por impulso vital mostrará una tendencia angustiante en sus textos y en ellos decantará sus tensiones más íntimas en *clave existencialista*.

Casi todos sus poemas del período son de letras erizadas, de cuestionamiento, como un creador en ciernes que se ve impelido por fuerzas colosales:

> "cómo explicar lo que quiero decir
> si vengo de un cementerio
> al que nunca fui
> si voy por la calle
> apartando con mi ser y mis brazos
> cada tira que cuelga
> verde
> tan verde como los sapos"
> (*ALUCINACIÓN*, 1987)

El *verso como destilación de situaciones existenciales diversas*, el verso como compañero. La poesía que no surge por oficio prefijado, sino que es inmanente y necesidad vital que brota y equilibra, resume, concreta espiritualmente el camino seguido y la decisión tomada:

> "Yo tengo versos no escritos
> que llenos de fango esperan por mí;
> tengo hasta versos malditos,
> malditos por bellos, por no darse a decir.

> Y tengo versos con flores,
> con verdes praderas,
> con lluvias de cristal;

tengo hasta versos de guerra,
de ir,
de venir,
de parir,
de pelear."
(*YO TENGO VERSOS*, 1987)

Este acimut ético, por el fondo y a mi juicio, lo acerca a la poesía de la *Generación de la República Española* y de su malograda evolución. Es un tipo de *literatura militante*, sin panfletismo, es como un desafío a veces ingenuo, siempre viril ante actitudes inmovilistas o de represión. Recuerda a Miguel Hernández y en la angustia existencial aún a momentos y trayectorias más largas, como la de la Vanguardia de un César Vallejo.

"A quién debo pedir que no me rompa
la piedra gris donde quiero morir;
a quién debo decir que no confunda
la piedra blanca con mi piedra gris."
(*A QUIÉN*, 1987)[3]

Vale decir que este correlato en la literatura cubana con el mundo, actualmente pretendidamente olvidado, de la vida y conflictos de decenas de miles de cubanos por tierras del campo socialista, no puede borrarse de un plumazo. Y sigue siendo aún un universo de experiencia e impregnaciones poco explorado, tanto en la Isla, como mucho más en la literatura del exilio o de la diáspora. Hay demasiados lugares comunes, estereotipos, tópicos e

[3] Evidente impregnación del existencialismo de Vallejo, hasta en los símbolos. No obstante, se puede prestar a múltiples lecturas, no la típicamente premonitoria y funeral del poema del peruano ("Piedra negra sobre piedra gris"). Una lectura más o menos literal o de obituario, de encargo final, sino también una cierta preocupación de relevo y compañerismo en ideales presentes o en continuidad de la personal obra como individuo, sujeto, mortal que entrega a otros su antorcha de luz vital. No lo percibo con sentido pesimista o de orfandad, sino también en uno optimista y de continuidad, solidaridad. En fin, no es el testamento de un misántropo, sino de alguien quien confía en la capacidad del cambio por otros seres humanos.

intereses creados en ambos lados del Estrecho de la Florida, luego del fracaso de la experiencia del llamado "socialismo real".

La vida y textos poéticos de juventud de Gustavo Vigoa ha de ser, en consecuencia una de las pocas excepciones. Sólo por ello, sin aquilatar su rico potencial humanista y su universo lírico, ameritan con creces este recuento y muy merecida edición y publicación.

Los símbolos, en calidad de atmósfera, de aquel mundo, las primeras experiencias del amor, de la convivencia en un medio cultural diferente, pueden leerse entre líneas en muchos de los textos de 1987-88, que aquí aparecen (incluyendo algunos escritos   con visión retrospectiva, recientemente compuestos).

"llegaré a nuestro puerto
rompiendo escalones
mirando tus olas
cargadas de amor
mirando un velero
que arriba callado
buscando tu pelo
que puede que no"

(*PARA MAÑANA*, 1988)[4]

Por último, no desearía cerrar este breve acercamiento a tres décadas inéditas del quehacer poético de Gustavo Vigoa, sin dejar de acotar el tránsito de sus temas líricos iniciales, marcados por el contexto ya explicado, que se expresan en un yo lírico con pesadumbre y angustia, hacia un hablante dado a la reflexión en

---

[4] Excelente brote lírico de amor y despedida... El descenso por las escaleras evoca al Puerto de Odessa como una gran metáfora que engloba un período muy intenso, trunco y lleno de incertidumbres. A su vez es un poema juglaresco, admite y casi exige notación musical para ser cantado.

verso, en quien el optimismo no cede ápice, sino haya un equilibrio y alcanza la estabilidad que da la sabiduría de lo vivido.

Es en esta última década donde su poesía, madura y pausada no olvida el nexo con determinadas herencias, en particular con sus lecturas de Quevedo, Machado y con esa constante inquietud que caracterizan su intelecto brillante.

"Un hombre de alma retorcida,
retorcida de dolor por tanto golpe,
continúa enamorado de la vida
sosteniendo un estandarte con su nombre."
(*DOLOR*, 2011)

"Es ya noche y se niega el alma mía
a la bruma, al oscuro a los pesares.
Soy el ánima que sólo es alegría,
como el viernes suele ser de los juglares."
(*EL ÁNIMA, EL ÁNIMO, EL ALMA*, 2013)[5]

"Hay un juglar guardado bajo el cuero
llamado la epidermis de mi cuerpo:
a veces triste, a veces jaranero,
a veces como pidan los expertos."

Lo cierto es que mi vida no es tan fea
como debía de ser la de un poeta;

---

[5] Poema de gran maestría estilística – Un texto **NEOGONGORISTA**, según acoto, como en la cuerda reflexiva de *Vicente Aleixandre*. De tintes **BARROCOS**.

A su vez se hace evidente *el nexo con la poesía reflexiva del Barroco histórico* (Góngora, Quevedo) y de ciertas de sus *tradiciones místicas* como las de *Santa Teresa de Jesús* y *San Juan de la Cruz*.

Hay una lectura reconocida y alta estima de Gustavo Vigoa por la *Poesía Castellana del Siglo de Oro* y en especial por **Quevedo**. Pero, esta forma donde el uso y alteración del orden sintáctico entre los elementos de la oración es tan musical y vigente aún (el llamado hibérpaton) y en el sentido casi místico de la metáfora-imagen de "la noche", la actualidad del contexto del poeta cubano llenan de un contenido renovador al molde clásico.

mi vida es, por decirlo, una odisea
de la que han desterrado a las pesetas"
(**MI VIDA**,2013)

"Sin cejar en el empeño
De caminar hacia un sueño
En eso se va el vivir.
Y no saber que decir
Cuando el dolor te interpela
Porque el hablar no consuela
Si la ocasión fue morir."
(***VERSO CORTO***, 2015)

En resumen: ¿Acaso este cuaderno, que hoy intentamos prologar, no es más que el reflejo de esta trayectoria de 28 años de Gustavo Vigoa en su vida personal, marcada por dificultades, incomprensiones, represión y castigo a sus propuestas constructivas dentro de la sociedad que lo parió y a su vez lo exilió como "cuerpo extraño", que la destilación en el campo lírico de sus ideales y *empeños* de ser consecuente y contribuir al crecimiento humano, sin dualismo ético por medio de su última frontera existencial que es la poesía, *la palabra* como resumen e instrumento?

Invito al lector, en ese espíritu democrático y constructivo, a degustar la obra de este poeta cubano y a él agradezco la enorme responsabilidad y confianza, que en mí depositara, para abrir ante ustedes una de las puertas posibles para su interpretación.

Lic. Eduardo Vladímir Fernández Fernández
Master of Arts en Filosofía
(Universidad Estatal de Moscú, M. V. Lomonósov, 1986)

Ciudad de HEREDIA, Costa Rica, marzo de 2016

INDICE

PARAGUAS

La vida nos hizo viejos
sin mucha prisa, la vida,
nos fue volviendo recuerdos,
silencios, frases perdidas.

Al amanecer de un sueño,
despiertas, y es la mentira,
cual frágil caricia, pero
regresa amarga la vida.

Quiero caminar mis pasos,
mis huellas de aquellos días,
quiero mirar a los ojos
desafiante de la vida.

Porque es amarga cosecha,
la fruta que se ha podrido,
es vino amargo que asecha,
la vida, llena de olvidos.

Y porque palabras muertas,
de frases que no se han ido,
tocan sin falta a la puerta,
cobrando vida y sentido.

2011

PARALELISMO

A -¿Qué hora es? ¿es acaso viernes?
B - No sabría decir, pero me duele.
A - Así es el tiempo, punzante
B - Ayer a esta hora eran las nueve
y llovía en el jardín
A - Son entonces la nueve
B - No, ¿cómo así, ni siquiera llueve?
A - Claro, son tonterías mías
B - Además es jueves
A - ¿Qué sucede los jueves?
B - No sé, de seguro nada o
espera, al final sucede el viernes
… muy pasadas las nueve.
A - ¿Qué hora crees que sea si no llueve?
B - Si no llueve estoy perdido, confuso
y el tiempo no me importa, ni me duele.
A - ¿Y entonces…?
B - Que sea tu hora, las nueve si así lo quieres.
A - Me haces feliz, ¿sabías?
Ojala mañana me recuerdes
B - Si me llueve mañana, o si no me llueve
Será un día frio, ojalá y no te olvide
como suelo olvidar, olvido hasta a la muerte.
A - Son definitivamente viernes y las nueve.
B - Y tú eres mi amor, y no es jueves.
La vida es bromas o no la puedes,
pero es bella de sus lluvias, de sus arenas,
y aunque es lunes no importa
que sea el día que prefieres.
A - que sea pues viernes.
B - viernes.

Mayo 30, 2013

BRINDIS

Siempre alguien espera a que despiertes,
tarde en la mañana, o en la vida, o de la muerte,
y te levantas cansado, apurando un café
que mejor no tomaras,
así todo pasa, hasta quizás te olviden
los que esperan.
Pero tan solo quizás, y aún te apuras,
y el sol es un capricho que se alza,
rabioso del sueño en que te arrastras
que ata tus párpados a oscuras.
Es la noche entonces la mentira
que te escupe en el rostro quien espera
con un beso de café, o una sacudida,
pisoteando tu sandalia, la que encuentras.

La mañana es hermosa y te levantas,
con el cuerpo descansado y a la vera
de un río que fluye entre tus pasos,
es un verso que te apura y te despierta.

Como habría sido vivir mi otra vida,
sin dolores, o doliendo otra quimera
como habría sido reír toda la vida
llorar otros olvidos, otras esperas.
sería acaso ser quien ya no soy,
o sería ser quien soy hasta que muera.
lo cierto es que no muero a los que hoy viven
ni vivo a los que de nacer hubieran,
y hay risas que me atan la vida
cual si nada en otra vida así pudiera.
Un café me endulza la mañana
me empuja a los olvidos de allá afuera

donde la otra sandalia se quedara
cuando anoche miraba alguna estrella.
Me siento feliz, y soy culpable
de mi andar semidesnudo en esta tierra,
me siento infeliz y no es mi culpa,
que un amigo se suicide porque crea
que el ácido del vino con que brinda
es su orgullo, ¡vaya frase lisonjera!

Me siento tan feliz y tan culpable,
tan inocente e infeliz que no hay manera,
que pueda acomodar alguna frase
para adornar el brindis que me espera.
Levanto mi mano como hace
quien invoca y se dibuja en un esquema
pido perdón por ser amable,
por no tener en mi copa de la esperma
que fecunda las mentes indomables
de los que en este brindis me rodean.

2011

CANTO DE GUERRA

(un niño le habla a un caballito del diablo)

Vamos los dos al encuentro,
yo de blanco,
él de negro.

nos vemos los dos desde lejos:
él zumbando,
yo sonriendo.

Estamos ya frente a frente,
y ambos vemos
que es la muerte.

Quítame, amigo, este traje,
que la sangre
no lo manche.

Quítale, amigo, las alas,
que se quede
en cuerpo y alma.

Vamos, caballo, a pelear,
tú y tu diablo,
me da igual.

1988

MI MANO IZQUIERDA.

1.

Mi mano izquierda
no te asirá del cuello,
porque tiene sus venas
de tierra muy teñidas.
Con ella no tendrás
la muerte que te debo,
y en ella no hay anillos
robados de tu boda.
En ella cursa el tiempo,
en ella hay muchas horas
de estar tocando un rostro
calmando su dolor.
No temas, que mi mano
no mide tu sentido
ni escoge direcciones
para hacer el amor.
Mi mano es aburrida,
grisácea del tiempo,
es zurda como el cuero
que cubre su expresión.
Ella no busca orquídeas
cubiertas de recuerdos;
prefiere mi otra mano
derecha y sin reloj.

2.

No golpea el mostrador,
ni me la estrecha un amigo,
tan sólo carga el reloj
o alguna suerte de anillo.

Y no se sabe mi nombre,
ni lanza una piedra al río,
pero sostiene mi sien
cuando pienso, cuando escribo.

Con ella, cual cuna blanda,
he columpiado a mis hijos.
Qué bien que no sea derecha,
que bien que siga conmigo.

1988-2010

PAN

No quites de mi hombro el pan,
que es pan caliente y no quema,
no toques, no dañes más
la esperanza de la espera,
que llegue caliente a casa,
que llegue fresco a la mesa.

No toques por Dios mi hombro,
que es fatiga pasajera.
Mírame firme a los ojos,
tómame de la diestra,
que la siniestra ya arde,
ya muere, ya está deshecha,
ayúdame, marca el paso,
sostén firme mi derecha,
llegaremos al ocaso,
volteando a mirar la senda
para que sea de sal,
cada una de mis huellas.
Déjala, no la levantes,
déjala, es mi mano izquierda,
ya curarán sus agravios
cuando estemos a la mesa.

RESPONDEME

Respóndeme desde el fondo de tu muerte,
deja posar tu verdad en mi burla
y mata el deseo que la disputa.

Vente conmigo, andemos de suerte,
corramos unidos riendo lo absurdo,
seamos amigos por más de un segundo.

Desgarra la tierra en que me plantaron,
y hallarás mis ojos aún esperando
tus destellos de cielo, tus ojos brillando.

1987

HEROE.

Él crió unos peces inmensos
entre flores y muertos
en días que eran de sueños,
bajo estrellas sin sol.

Tenía el mar
dentro de mis oídos,
y los peces con ruidos
lo hacían sonreír.

Él me hablaba de noches soleadas,
sin peces dorados que lo molestaran;
él lloraba tranquilo, sonriendo,
su buena suerte, su suerte de perro.

No pidió solución a mi vida,
sació su odio y se fue complacido,
dijo adiós y se echó por encima
quince mil años sin un solo olvido.

1987

DETRÁS DE CADA BALA

Detrás de cada piedra, hay cada muerto,
detrás de cada hierba, cada herida,
detrás de cada bala, un universo
que busca otro universo a la deriva.

Después de cada muerto hay un ejemplo,
después de cada herida, hay una ira,
y hay en cada bala un universo
que busca otro universo a la deriva.

Junto a cada ejemplo hay días eternos,
junto a cada ira, cada vida,
y junto a a cada muerte, un universo
sobre otro universo que delira.

1988

MIEDOS Y SUEÑOS

El silencio de este oscuro es bendición,
es fatiga de mis últimos esfuerzos,
mi noche sin repuestas, sin valor,
devuelve a tus preguntas mis silencios.
Duerme, niño, que yo velo tu descuido,
tu pulso infantil y tu irrespeto.
Es noche, es insomnio y yo escribo,
la simple sin razón de que te quiero.

Duerme, hijo, es ya tarde;
no temas al silencio y las preguntas,
es la noche como páramo de ovejas
nomadeando tu miedo y tus penumbras.
Duerme que te quiero y se hace tarde.
Yo me ocupo de la lluvia y tus temores.
Mañana será el pulso, será el verbo,
serás joven y serás mañana... amores.

6.05. 2013

CREELES

Créeles, entrégales un sorbo de nuestras tristezas,
hazles testigos de nuestros pecados,
dales la muerte si quieren descanso.

Créele, si lo conoces como a un mar violento
que arranca corales vacíos de sueños,
que puede amar el día de morir.

Créenos, que vamos chocando con cada pedazo
de amor perdido en el hambre del mundo,
de niños que lloran vivir mal criados.

Créete, cuelga tu vieja guitarra en el hombro
del pobre que canta sin ovaciones
brillantes y hermosas tus viejas canciones.

Créeme, que yo te doy y no te pido nada,
que muero por ti en una tierra   extraña,
que no ambiciono, y la siento patria.

1988

SIN NOMBRE

Qué forma más inmadura
de iniciar una jornada
evitando la estocada
de una vida sin fortuna;

contar los amaneceres
con la punta del estilo
mientras pendulan de un hilo
la vida y sus menesteres;

fijar en la mente claro
lo que deseas decir
y con la frase morir,
por la frase desarmado.

Qué locura y desatino
pedirle al loco que sufre
que del dolor que lo cubre
haga su pan y su vino.

Qué feliz el desgraciado
que en sus pesares zozobra
y en cada lágrima cobra
un trozo de amor rimado.

EL HOMBRE

Se quema el hierro al fuego,
como en los tiempos viejos;
los que reían sólo hablan;
el hombre no está muriendo.

Andan los hombres salvajes
que viven de su veneno,
andan gozando su ultraje;
y el hombre no está muriendo.

Viven los hombres del hambre
que se los viene comiendo;
viven pidiendo su muerte.
Y el hombre, no está muriendo.

1987

LA PANTERA

Está la pantera negra
en el umbral detenida;
sus ojos rojos de ocaso
lloran a lágrima viva.

Le ofrezco mis brazos fuertes,
mi sombrero, mi sombrilla;
le pongo silla en la mesa,
pero ella tan sólo mira.

En la cortina hago cuadros
de Jesucristo y María,
le pido besar la cruz
pero ella tan sólo mira.

En el umbral de mi puerta
la pantera detenida
con ojos llorando fuego,
con llanto pidiendo vida.

No tengo ya qué mostrar.
Salgo corriendo a la esquina –
¡quizás quiere que me vaya! –
pero ella tan sólo mira.

Su piel que escupe destellos
cuan ojos negros que miran;
sus lágrimas; y en su pecho,
una bomba que palpita.

Yo lloro, ya la comprendo.
Busco papel, pluma y tinta,

me siento frente a la puerta,
donde su llanto salpica.

Entonces corre a su bosque,
a su páramo, a su reino,
y me busca de regalo
espinas y heraldos negros.

1987

AZUL

El amor que ayer pintamos de azul,
se vistió de olores, se forró de ganas
y me habló de infiernos, me habló de paredes
cascadas por sangre, manchadas por balas.

El amor que ayer limpiamos de azul,
se frotó las manos, se hizo a la deriva
y no habló de historias, no habló de paredes
cascadas por sangre, manchadas con vida.

El dolor que ayer vestimos de luz,
se forró de horrores, no afeitó su barba,
y se fue a su morgue, se fue a sus paredes
cascadas por sangre, manchadas por balas.

El dolor que ayer borramos de luz,
limpió sus zapatos y entró a mis orillas;
no hizo reverencias ni limpió paredes
cascadas por sangre, manchadas con vida.

1987

DESPERTAR

Donde rompió la ira con la historia,
allá nació el amor, el más desnudo;
allí el niño dibujaba sus memorias
hablando de las vueltas que da el mundo.

Yo me acercaba al duende, al prodigioso,
quería ahogar el hambre, ahogar la muerte,
y el niño siempre estaba a mis espaldas,
riendo mi no ser, mi mala suerte.

1987

DOBLE

Cuando en oscuro / tus hojas cristalinas
cubren mi cuerpo / como agua fresca y limpia,
cuando te siento / cuando aprieto tus hombros
hay nieves frías / que interrumpen mi vida.

Hay esa bulla / rodando por tu calle
y tantos grises / recuerdos en tu sombra
que cuando llego / recojo mi equipaje
vacío de rosas / lleno de hojas.

Muchas palabras / hay bellas que no digo
y cuánto viento / me quemaría contigo
cuánto de gloria / te debo en estos versos
cuánto de amigo / y de enemigo.

Tantas mañanas / me despierto sin ti
y tantas noches / me acuesto contigo
que ya no quiero / tenerte entre mis cosas,
ni las de amigos / ni las de enemigos.

1988

NEGRO

Allá en la tierra sagrada
te espera un caballo negro
que tiene los ojos verdes
y crines de terciopelo.

Él siempre camina lento
entre los otros que al vuelo;
calza herraduras de plata
que lleva de nacimiento.

Allá en la tierra sagrada
te espera un caballo negro
que nunca tuvo jinetes,
que nunca fue prisionero.

Cuentan los que regresan
que escupe chorros de fuego,
que llega hasta la frontera
donde hay tierra, mar y cielo.

Que en la frontera te espera
en noches de equino desvelo,
que espera y llora por ti
aunque honores de aquel reino.

Tú debes llegar a pie
con bridas blancas al dedo
que brillan como cristales
junto a tierra, mar y cielo.

Así te espera llorando
tu bello caballo negro
que nunca tuvo jinetes

ni bridas blancas ni dueño.

1987

INSOMNIO

Otra vez el insomnio, la inquietud,
la calle vacía, y el murmullo;
no es la noche de ayer, es sólo el tedio
y esta enorme quietud que me incomoda.
Una risa perfecta de ojos verdes
prendida de su rostro me persigue,
una historia increíble que me advierte,
del amor, la razón,... me sonríe.
Y fue nada, o tan sólo su cabello
negro y descuidado, una tarde noche,
un carnaval de tantos allá en el olvido.

Que es un niño sin miedo de hinojos tenido,
sino un verso mañana de trazos torcidos.
Hay un árbol de sueños para estar a solas,
hay un monte de ruidos, una bestia que muere.
Para un niño dormido.
fue luego la historia, el amor, el castigo
y una saca enorme desbordaba martirios;
unos se hacían versos, otros tan solo escritos,
de la larga noche en infame exilio.
Un verso se detiene, hay un muerto perdido,
veo las cuencas saladas de sus ojos
en el azul profundo y mudo, su cráneo calizo
temido por corales, reposa sin su muerte;
aún lo lloran, aún lo buscan, mas nadie lo advierte
en su lecho de arenas sin árbol de sueños.

Era negro su cabello y hermosa su risa,
se perdió mi calma de hablador a solas,
otro es hoy su verso,....su lecho,
otro es su mundo acá en mis adentros,

porque la amé tanto y hace tanto tiempo,
que es tan sólo una imagen de pelo negro
mezclada al árbol, al cráneo ajeno,
a los ojos verdes, a mi noche, a mi tedio.
Es, y no lo sabe, un amor sin rostro
de esta mezcla absurda de recuerdos.

2014

EL PRECIO

Nunca supe a ciencia cierta
como llegaron a casa a entregarles la noticia,
si tocaron a la puerta o la encontraron abierta,
si fue despacio o de prisa.

A la puerta del infierno, con el abrazo más tierno
me esperaba una familia,
allí cumplimos condena, tragando risa con pena,
alegría con asfixia.

Una foto en la pared,
una frase, un usted
y un viva que no nació
porque nunca respiró
en el prado en que crecí.

Lo que vi al amanecer
alimentaba mi ser, y me salvó de morir
del retrato en la pared, de la frase, del usted,
de lo que no pronuncié.
Porque nadie engaña al prado
ni al rocío en la sabana,
nadie quita a la mañana la belleza de su niebla,
nadie roba cuanto enseña mirar que bello amanece
mientras en tu pecho crece
de intocable enamorado,
otra frase otro retrato y otro usted imperceptible,
por los que pagas bien caro,
justo el precio de ser libre.

2011

UNA COPA, UNA MESA, UNA BOTELLA DE RON

(un diálogo con Julio)

una copa, una mesa, una botella de ron
me esperan después del umbral
allí donde es noche ya
no gusto de brindis en lo oscuro
pero no puedo faltar a la cita
me invita un brazo sin su escritura
un brazo que escribe una jota
grande de corteza

una botella de ron

cuesta mucho cruzar el umbral
para llegar a lo oscuro
desde mucho andar en lo oscuro
chocando con pedazos que vuelan
muy alto, para no dejarte ver
la impenetrable oscuridad
(o que se arrastran dóciles)

ya estoy en lo oscuro y alzo mi copa...
en lo oscuro no se conversa:
se piensa, y la idea va por sí misma...

pienso: por tu mano sin cuerpo
por tu cuerpo sin mano
por tí, sin cuerpo ni mano
en los tristes comienzos del setenta

entonces siento
el sonar de nuestras copas

y me invade la alegría
de no estar solo en lo oscuro

un loco siempre espera
en la puerta de mi casa
él mató a mi hermano
que no pidió permiso

pienso: alcemos nuestras copas
porque un día no nos maten
por tener la llave
de nuestra casa

siento chocar nuestras copas
y una tonelada
(que nunca será de azúcar)
abandona mi cuerpo

no sé cómo
ya estoy sentado, la mesita es verdad
la oscuridad llena
la transparencia de nuestras copas
y él frente a mí
hablando de un hermano, de buenos amigos
de revistas enormes que abrazarán el mundo
y nada dice de aquellos días tristes
cuando su amor y el tiempo
le impusieron una disculpa humillante

el cuarto está oscuro
y sus ojos de Sur
brillan hoy más que entonces
no, definitivamente Francia
no es el paraíso de los descarados
de esta América nuestra.

1987

PROTOCOLO

Estuve en los salones
de rostros protocolares
pintando tu mejilla
de palabras invadido
y no olvidé el silencio
de mis noches sin amarte
ni el ir de nuestras vidas
entre rostros dividido

yo he odiado los panfletos
y las representaciones
he odiado los aplausos
que mordían desde lejos
he sido sólo amante
en pocas ocasiones
en que he bajado al mundo
que giraba entre mis dedos

yo puse mis delitos
con nombres de la historia
y puse entre mis años
vida dura y sufrimiento
mas sé que mi esqueleto
no tendrá la misma forma
ni los mismos horrores
de otros esqueletos.

1988

DOLOR

Un hombre de alma retorcida
se dispersa en lo sublime de una frase,
levitante en el espacio de su vida,
inocente, inofensivo, incapturable.

Un hombre de alma retorcida,
retorcida de dolor por tanto golpe,
continúa enamorado de la vida
sosteniendo un estandarte con su nombre.

Le cortaron una mano y otra mano;
de su árido y sangrante regenera
para luego en su silencio de mutante
llorar haber perdido la primera.

2011

QUIÉN TOCA A MI PUERTA

Quién toca a mi puerta
de quién las pezuñas
y ese olor a mil muertos
de muertes confusas

Me duelen los pasos
me arden los dedos
hienas y chacales
me vienen siguiendo

Tiro adoquines
a la calle del medio
y sus garras caninas
me siguen corriendo

Quién me va a entender
venir de los muertos
que no me vieron nunca
quién me comprenderá
ir por las calles apartando
con mi tercer brazo
cada tira que cuelga verde

Cuántos y quiénes
me sabrán ateo
después que diga ¡oh Señor!
Cuántos no harán
con mi voz de hombre pequeño
papel para una
necesidad elemental

Por qué no hay amor

si yo pude amar.

1988

MI RETIRO

Yo quise ingenuo y atrevido
forzar a mi reloj su marchar suave,
y heme atrapado en mi retiro
armando la madeja de esta frase.

Me dieron una lista del futuro
con matices y opciones para mí,
me dieron el abrazo más absurdo
a la hora más difícil de sentir;
fue un apoyo exhalante de vapores
una noche de regreso sin final;
fui esa noche engañado por traidores
que median mis palabras sin cejar.

De esa suerte fui expulsado a mis parajes,
al andar de mis ancestros fui vertido
como lluvia que acontece en el paisaje,
condenada a lo fértil de su olvido.

Fui el loco que calló por voluntad,
que olvidó por voluntad lo más preciado,
que tomó de la vida la verdad,
es decir, la mitad de lo adecuado.

Si tuviera por fuerza que escribir
sin medidas, sin adornos o etiquetas
quien fui, como fui, como viví,
no tendría de seguro una respuesta.

Soy el juego de palabras mas sencillo
con que suelo distraer mis ambiciones,
soy el solo que habita este retiro

de trazos, pausas,.....de emociones.

Soy el río que de niño frecuentaba,
soy la letra retorcida que fragüé,
el guajiro sucio que soñaba
sus poemas a la sombra de un jagüey.

Soy la herencia natural del agua fresca
que bebí de las historias de mi abuelo,
soy el verso inexplicable que me espera
atrapado por el tedio y el desvelo.

2013

JORDAN

Los parques en Jordan
no tienen otoños
que cubran su tierra
de hojas marchitas.

Los parques no tienen
hojas amarillas
ni estrellas del norte
ni corrientes frías.

Los parques en Jordan
sueñan este otoño
de árboles blancos
cubriendo la tierra.

Y de rosas verdes
y de orquídeas negras
y esta noche entera
tan llena de guerras.

Los parques en Jordan
son verdes y frondosos
y quiero alegrías
que guarda mi otoño.

En Jordan los héroes
no tienen entierros
se quedan contigo
o vivos, o muertos.

Los parques en Jordan
llevan sus anillos

con oro y con perlas
de novio amarillo.

En Jordan yo vivo
tapado por hojas
de mi otoño gris
que a nadie más toca.

En Jordan yo duermo
cubierto de cielo
con estrellas del norte
con fríos de invierno.

De Jordan yo vine
con mis versos torpes
mordiendo esqueletos
y tripas
y golpes.

A Jordan regreso
después de diez siglos
después de diez eras
de tanto martirio.

En Jordan no quiero
quedarme sentado
si hay Roma
si hay balas
si hay vida
si hay ganas.

A Jordan le beso
sus manitas suaves
sus verdes praderas
su llanto de sales

De Jordan quiero nacer
como de un rayo de luz
para quedar en la tierra
cual oro sobre lo azul.

16.10.87.

PIEL DE ONAGRO

¿Por qué te cuelga del brazo
la piel pequeña de onagro
si ayer cubrían tu cuerpo
dos bandas a cada lado?

¿Son acaso los aretes
o esa corbata en el pecho
o es acaso tu palabra
que no dice lo que quiero?

Explícame con tu saco
o con brillo de tu pelo
o con tanto de esta vida
qué has hecho con el pellejo.

Ahora me das a mirar
a onagro en trozo pequeño
de una piel que hasta la muerte
me lleva en menos que pienso.

Y yo te pido que digas
qué has hecho con el pellejo
de las veintiocho cuartas
de año por cuarta en el cuero.

Yo no quiero que me enseñes
el sudor que hay en tu pecho:
por otros corría sangre
y mostraban mucho menos.

Me cubriré en piel de onagro,
en la que no has malgastado,

y pondré mi carne dura
donde tus lobos pastando.

Si la de onagro no alcanza,
yo arrancaré mi pellejo,
y que el Señor me disculpe
si vierto sangre en su pelo.

1987

VERSO RUSO

Los hombres se han ido,
y está crecido el trigo,
el aire sabe a polvo del camino.
¡Oh, Dios! ¡Cómo crecen los hijos!

Los hombres se han ido,
las mujeres recogen el trigo;
habrá pan duro para todos.
¡Oh Dios! ¡Cómo crecen los hijos!

Los hombres regresan,
en pedazos divididos,
los viejos han muerto.
¡Oh Dios! ¡Los hijos crecidos!

Pasó ya la guerra;
regresan pedazos partidos,
y los pedazos lloran
amor por los hijos.

La guerra ha pasado,
comeremos tierra y pedazos de palo,
o quizás de los muertos comamos algo
(de vivos, ellos no pondrían reparos).

La guerra pasó, el hambre es horrenda;
las mujeres prueban la nada,
al hijo que no,
al espacio en la cama.

Se fue la guerra y dejó violadas
que engendran recuerdos del macho ultrajado,

temiendo llorosas ser abandonadas,
que lloran verguenzas sabiéndose santas.

Los hombres se han ido, ya la guerra es historia:
la guerra, los hombres, los años perdidos.
Ya no nacen los hijos,
y si nacen, se pudren.
¡Oh Dios bendito!

Los hombres se han ido,
y crecido está el trigo,
las mujeres no piensan,
no piensan los hijos.

1988

SOLO IMPORTA EL INVIERNO

No recuerdo, ya estoy viejo,
en el patio los anones murieron,
y la flor de las diez
no actualiza ya más el reloj.
Siempre tuve esta edad
desde hace mil años y unos meses
cuando aún íbamos al mar los domingos
porque era siempre verano,
menos humillante y menos frío.
No recuerdo, ya estoy muerto
y no hay flores que marquen el tiempo;
estuve tal vez vivo, creo que recuerdo,
pero sigo siendo tan viejo
que olvidé el mar los domingos,
y el tiempo, sólo el tiempo,
a veces importa si es frío,
o de noche, o si es invierno...

2011

YA

Ya mis ojos no buscan dónde mirar,
ya se baña mi Cristo en corales azules
y las aguas del río ya llegan al mar,
ya llevan conmigo mis sueños de nubes.

Hay tu rosa de mármol
pendida a mi frente,
hay tanto de blanco
buscando mi muerte.

Hay días enteros
gimiendo dolor.
Hay lomos y hay cuervos
hablando de amor.

Hay mis sueños que duran
no más que te veo.
Hay breves torturas
y eternos deseos.

Ya se oye la brisa
escupiendo pedazos.
Ya escucho que vivo.
Ya siento ser algo.

1988.

DOLOR

Probó la tierra, el fango en sus labios,
y el valor patrio sembrado en su pecho
cuando se hizo hombre de pedazos
recogidos bajo balas en un mar de muertos.

Él como un fantasma está a mi portal
y enseña su féretro, siempre cubierto;
él en mi playa se quiso bañar,
y mi playa lo exprime de afuera hacia adentro.

Él salió hecho pedazos, sin carnes ni huesos,
llorando el ultraje que nada le diera,
porque robó en mi huerta un pedazo de vida,
y mi vida lo exprime de adentro hacia afuera.

Llega al mar una voz en el viento,
de un páramo que muere sediento de sal,
del páramo amargo, desabrido y cierto
que llora a los hombres un trozo de mar.

1987

PASEO MATUTINO

(Canto de guerra-2)
1.
Desde la sierra se ve
la verde hierba del pasto,
y tras la hierba, ojos grandes
que siempre te están mirando.

Por el pasto anda un niño
que arrastra cristales blancos;
los ojos grandes lo miran,
los ojos tristes del pasto.

Bajo sus pies, tierra roja,
hierba verde a cada lado,
y siempre desde la hierba
los ojos están mirando.

2.
A mediados del camino
está detenido el niño,
que a lo lejos se divisa
el diablo del Caballito.

Caballo que vas volando,
Caballito hijo del diablo,
el camino es tan estrecho
que dos por él no pasamos.

El niño tiene deberes,
tiene deberes sagrados;
el Caballito, un zumbido
y un punzón bien afilado.

1987

QUIJOTE Y YO

Él no tenía corcel ni armadura,
ni era de los locos que sudan locura;
sólo soñaba y jugaba conmigo,
sólo conversaba como un buen amigo.

Llenaba cuartillas de cifras gigantes;
era mi intelecto, el más importante.
La muerte le vino un día de viajes
de la madre a los hijos, corto de equipaje.

Y fue a morir solo, por nadie buscado,
murió junto a mí y yo sin notarlo.
Su risa y su mano fueron mi coraza;
sus sueños, mi mundo; mi mundo, su casa.

Y fue a morir solo sentado en la cama,
ladeó la cabeza, perdió la mirada,
se murió sentado como Dios no manda.

Recuerdo: corrimos buscándolo vivo;
miramos los muertos, los desconocidos;
se fue a morir lejos, lejos de mi mundo,
una noche cinco, de oscuro y profundo.

Era mi rey, mi loco, mi andante,
culto por ley, por puro talante,
y yo su escudero sin asno ni sueños,
llorándole un llanto que se me hace eterno.

Llegaba del bosque, como casi siempre,
y me sonreía, era buena gente –
quizás algo loco, sin cabalgadura,

algo más robusto, de alegre figura.

Quedó sepultado lejos del Toboso,
lejos de Agrinea, su sueño meloso.
Descansa tranquilo, como pocos muertos, sin sueños
cumplidos, pero sin adeudos,
sin fuegos que quemen sus pálidos huesos,
porque lo repite su fiel escudero,
porque soy feliz llorando estos versos,
entre trago y trago que me trago secos.

20.07.2013

NO SABEN MORIR

Fueron tu amor y un otoño con brisa de abril,
un llanto de despedida sin frase, sin Dios.
Algo quedó para siempre, no sabe morir;
un duelo eterno, un disparo, un verso de amor.

Sale la luna y me escondo, me escondo de ti,
bajo mi mano tu mano de la última vez.
Sobre el papel queda el verso, no sabe morir
si de mi mano tu mano sin prisa se fue.

No temas, nadie nos quita un otoño de abril.
La luna de cada noche nos mira a los dos.
Es brisa de primavera, no sabe morir;
bajo mi mano tu mano es un verso feroz.

4.08.2013

RUPTURA

A tus ojos les devuelvo la mirada,
la más pronta, la más simple, la inocente,
mas no puedo devolver la enamorada:
quedó atada a la mía para siempre.

A tus manos les devuelvo la soltura,
el tocar de mi mejilla, la palmada,
mas no puedo devolverle la dulzura
de esas huellas imborrables en mi almohada

A tu risa le devuelvo su albedrío,
esa música voraz que la define,
mas no puedo devolverle lo que es mío:
el motivo, que al callarla me deprime.

A tu piel, ¿qué le devuelvo yo a tu piel?
Que se marche sin tomar sus pertenencias.
Su tersura febril, su olor a miel
los confisco, me los quedo en penitencia.

1.08.2013

MI DIA

Un día de estos seré diferente,
y asirán mi mano dolida de sus letras,
para que mi nombre sea una cruz.

Un día cualquiera, cansado y aburrido,
escucharé que sabían, mas temían decirlo.
Como cualquier muerte que se anuncia,
la mía vendrá con huesos dolidos.

Admiraré mi ataúd sencillo,
las flores discretas y pobres
con alguna abeja confusa tras su polen.

Llevo casi medio siglo adaptándome a la muerte;
ya casi lo consigo;
en realidad cuesta apenas estar vivo.

Un ave hermosa y tonta canta,
alguien alejó al gato de su jaula.
Alguien acá afuera fue su amigo,
después de tantos siglos de enemigo.

Llevo años soñando con mis muertos,
débiles o enfermos, ingenuos del destino.
En mis sueños, ellos, mis muertos, se creen vivos.
Despierto entonces sin historias felices
de sueños repetidos que roban mis noches;
vivo a veces, queriendo estar dormido.
Y los olvido sin dolor, tendré otros sueños,
otra noche con ellos, otro despertar conmigo.

Y así el ciclo eterno de olvidos y recuerdos,

de muertos y dormidos,
así no son más huesos raídos y secos,
porque llega la noche y habitan
alguno que otro sueño, ingenuos de si mismos.
Mi muerte será el día que vayan al olvido,
regresen a sus huesos, y de mis huesos yo
me iré si más motivo, que habitar en el sueño
de alguno de mis hijos para que al despertar sea
un huérfano feliz de haberme conocido.

30.07.2013

MI VIDA

Mi vida tiene apenas unas millas
para correr y saltar, para escaparse;
mi vida no se esconde ni a hurtadillas;
regresa luego de reconfortarse.

Hay un bar que me espera y se hace viejo;
en su barra envejece algún amigo
que me imagina muerto o tal vez lejos,
donde las temporadas son de trigo.

Mi vida tiene apenas unos breves
minutos de traición y de parrandas,
son sólo unos instantes tras paredes,
que efímeras e inciertas se levantan.

Hay un juglar guardado bajo el cuero
llamado la epidermis de mi cuerpo:
a veces triste, a veces jaranero,
a veces como pidan los expertos.

Lo cierto es que mi vida no es tan fea
como debía de ser la de un poeta;
mi vida es, por decirlo, una odisea
de la que han desterrado a las pesetas.

En amores mi vida... ah, en amores
tiene mi corazón la mar de adeudos
que voy pagando en versos, pues la flores,
si las arrancas, mueren sin remedio.

5.08.2013

DECLARACION

Yo declaro oficialmente que te quiero,
sin firmar con el pulgar, sólo la pluma,
sin llenar de malabares lisonjeros
el espacio de algún verso que me apura.

Yo declaro oficialmente que te sufro
si no huelo tu perfume en la mañana,
si no beso tu mejilla en el portal
a la hora que se inicia la jornada..

Yo declaro oficialmente que es de amor
esa lágrima que corre por descuido,
y te digo: no te aflijas, que no es nada,
sólo lluvia que en el ojo me ha caído.

Yo declaro oficialmente que si muero,
por mi fama nadie llore, que es lo justo;
no seré a Dios gracias el primero
que se vaya imperceptible y taciturno.

Yo declaro oficialmente que no quiero
que de versos atiborren mi sepulcro;
sólo uno, y ha de ser uno que diga:
"No descansa, dejó amores irresultos".

4.08. 2013

CUANDO

Cuando ya no me quieras,
tendré mis traiciones de días y fiestas,
tendré mi Caribe de risa y coral
y tendré tantas cosas, tantas cosas que amar.

Cuando te hayas marchado
haré añicos mis sueños,
cerraré mis jardines
y hablaré con mis dedos.

Cuando tú ya no estés,
cuando yo ya no crea,
cuando tú estés dormida,
cuando yo ya no sea.

1987

QUIERO

Te quiero dar los muertos que entre mis versos,
mi agua de amor y mi agua de maravillas;
te quiero dar, dar solamente un beso,
un beso horrible, que te rompa la mejilla.

Entre los dos existen tantos placeres,
tanto de amor nos roba la última risa,
que ya no puedo hasta donde puedas,
no puedo amar, no puedo con tu vida.

Voy a reír por la muerte que me ofrecen,
voy a reír de lo bella que es la vida,
y verás, verás, cuando amanece
voy a correr como agua de maravillas.

1987

PREGUNTAS

De qué color son los hombres que vuelven de allá
y qué color cada plomo nos puede quitar;
de qué color es la muerte que no nos tocó,
de qué color tu amante, de qué color yo.

De qué color son los hombres, los hombres de acá,
de qué color es la muerte que no nos tocó,
sus guitarras de hierro, sus voces de mar,
cómo suenan sus cantos de viejo reloj.

1987

ENCARGO

Me pides presta la pluma,
diestra la mano al estilo,
y a mí me cubre esta luna,
esta edad, este retiro.

A mí me llega el sollozo
de cantares que se apagan
en soles bajos que huyen
de seres tristes que vagan.

Quizás para la mañana
más fría que me despierte
asustado por la muerte
evoque en mí a aquel que amara.

Si tal fortuna acontece
seguro habrá un arroyuelo,
unas mulas, un arriero,
un monte ahogado en sus trinos,
con cruces junto al camino
que hasta las nubes te lleva,
un güije en alguna cueva
y un sinsonte persistente;
seguro habrá alguna gente
oliendo a sudor y arique
que te salude-"cacique",
mientras te alcanza un café.

Si tal cosa aconteciere
y yo llegase a escribir,
el temor seria vivir
sin poder quitar de mí

los dolores que guardé
en versos que no escribí.

2013

YO TENGO VERSOS

Yo tengo versos azules,
con ellos hago el amor cuando estoy solo;
yo tengo versos de luz,
con los que digo, o callo, casi todo.

Yo tengo versos no escritos
que llenos de fango esperan por mí;
tengo hasta versos malditos,
malditos por bellos, por no darse a decir.

Y tengo versos con flores,
con verdes praderas,
con lluvias de cristal;
tengo hasta versos de guerra,
de ir,
de venir,
de parir,
de pelear.

Yo tengo versos no escritos,
yo tengo versos malditos.

1987

ESTOS

Estos cortos pedazos de sol
beben trinos de días salvajes,
beben noches enteras de amor
y mi breve deseo, mi ultraje.

Ese corto pedazo de azul
me ha robado un pedazo de ti,
me robó mis insectos, mi hierba
y mis noches de negro febril.

1987

DULCE HOGAR

Escribir no se puede, está lloviendo,
y lo verde de la flora me fascina;
con un brillo inusitado contra el viento
una gota se resiste cristalina.

Y no hay golpe que pueda, por violento,
de su verde depósito arrancar
la impávida gotita que del cielo
se lanzara a los antojos del azar.

Pero ella, cutícula indeleble,
cual lágrima feliz de su follaje.
Oh! brillo indescriptible de lo alegre.
Oh! vida tan perfecta y tan salvaje.

De ti nace la vida incuestionable,
lluvia, flora, entendimiento puro
lágrima feliz, inderrotable,
perenne azote de un árido futuro.

Qué sentido cobra entonces la palabra,
si brota cual brisa fresca y suave;
es quizás la gota que me habla,
que me pide que la deje en su follaje.

O tal vez la belleza de este bosque
sea el cuerpo del que soy sólo mis versos,
y me engañe si no acepto que un poema
es la forma en que me usa el universo.

2011

SOLO TU RISA

Amanece y como siempre te recuerdo,
dilatadas de tus ojos las pupilas,
preguntándome con prisa si yo puedo
leerte de favor la frase escrita.

Pasaba el día pesado en la prisión
en que azules nos vestía la etiqueta,
y eras sin saberlo la razón
de algún verso que abrazaba tu silueta.

Fue la vida, y un consejo desechado,
diferente a tus deseos y a los míos;
fue mi miedo a morir siendo pasado
quien nos hizo de tiempo indefinido.

El amor es querer como te quise,
es soñarte cuando muero de indeciso,
el amor es saber que somos uno,
que del otro se sueña sin decirlo.

Era larga la noche sin tu rostro,
era largo el penar sin tu presencia.
Dos días sin tu olor eran de insomnio,
eran siglos habitados por tu ausencia.

Ya no soy y ya no somos, es la vera,
ni es de velas amarillas mi velero,
ni siquiera tu mejilla es tu mejilla
ni yo puedo las pasiones que te debo.

Solo quiero una sonrisa, cara amiga,
y pasear junto a tu olor por los encinos,

a su sombra escuchar si acaso ríe
tu recuerdo al andar de esos caminos.

2013

META

Salía de un caracol el día de mi nacimiento
y muchos me decían que iba a vivir torcido;
nacía y no lloraba, miraba alrededor
con mis ojos cerrados por temor al amor.

Pobre caracol torcido desde ayer,
triste jicotea que marcha al revés
con tu carapacho torcido y resistente
regresas al nacer, al no ser, a la muerte.

En las paredes de mi caracol
colgué mi amor, el día más amargo;
y jamás diré en qué lugar
cuelga mi verdad hecha pedazos.

Pobre caracol con cuernos y sin sol,
con mi mar de espuma llenándole los sueños,
que se ahoga en la arena seca de este mar,
pobre caracol cansado de mis desiertos.

1987

SE

sé que me pagarán
los que me deben más
que no voy a ganar
lo que debo perder

sé que voy a andar
mirando mi no ir
y que para morir
buscaré una sonrisa

sé: le voy a poner
más trabas al dolor
el día que conmigo
haya un gesto de amor

sé que andar

1988

SABOR

El día de hoy me sabe amargo,
y en la garganta siento calor;
este mi día nació de un adagio
y pudo al hombre con la razón.

En estos días no puedo amar
si el sol se pone en el oriente
y sabe mi sangre a agua salada;
en estos días mato a mi muerte.

Sé que mañana habrá nevado,
que el peligro va a andar conmigo,
sé que un bolsillo contra mi palabra
ha de chocar por el camino.

En estos días ya no amanece...

1988

CUANDO

cuando pintemos el tiempo que no nos tocó
veremos días muy bellos, vacíos de amor
veremos tantos papeles y tantas mentiras
que no hallaremos colores ni brochas ni días.

cuando busquemos las horas que no te esperé
y tantos versos no escritos mirando el reloj
encontraremos cristales pintados de azul
encontraremos oscuros pedazos de luz.

cuando me acueste contigo
y no tenga fuerzas para recordar,
cuando ya no te espere,
cuando ya estemos juntos
nos vamos a amar.

1988

Y SI NO

Y si no andas conmigo
qué le digo a las flores
mi viejo regalo de cada domingo.

Qué le digo al camino
si mis pasos hoy suenan distintos
vacíos de ti.

Si nos tocó morir
no encerremos los sueños,
las dudas, los celos del para vivir.

Algo pasa conmigo,
si me siento tranquilo,
el genio me viene a matar.

Qué me pasa contigo
¿por qué estás en mis puertos,
en mi muerte, en mi coma de niño?

Y si no andas conmigo
quiero hablar del amor, de los viejos amigos
de un día abrigado por un huracán.

Vamos juntos los dos
para ver cómo cae el rocío al abismo
cuando muere el amor.

1987

EN DIAS

En días como estos me retiro
del amor, del versar de las costumbres;
son estos días de abrigarme en el olvido,
de mirar, de callar, de resumirme.

En días como estos me visitan
la mañana del ciclón y su aguacero,
el naranjo del patio, las cenizas
y una Laura que apenas si recuerdo.

Entonces muere el verso, el de amor,
mientras nace otro verso más complejo,
uno que pregunta: ¿en dónde estoy?
al tiempo que responde: no recuerdo.

En estos días de silencio, de bullicio
soy más yo, soy menos tú, soy mis recuerdos.
Soy un una nube transitando en el azul,
con sus anchos pantalones como atuendo.

Qué de versos, qué de frases no nacieron
por el hambre, por la infamia, por la fama;
qué poemas aún no escritos perecieron
ante el breve silbido de una bala.

Todos ellos habitan en el tiempo,
vuelan ávidos de dar contra el estilo
y se vierten como llanto en aguacero
cuando en medio del enojo me descuido.

2013

JOVEN POETA

Se levanta en la mañana
soñando que ya logró
un verso, porque rimó
"rana" – "Juana" – "palangana".

Se va al café de Ramón,
donde iracundo se sienta,
estira, recorta y cuenta
la palabra "corazón".

Pues si es un verso de amor
lo que su antojo le pide,
él mide, mide y remide
y hace rimar "tul" con "flor".

Es que versar sin motivo
(digo yo mientras escapo)
de rimar "Juana" con "sapo"
lleva en la pena el castigo.

TENGO UN TRAJE AZUL

Tengo, madre, las manos repletas
de estos panes tostados que arden,
que me vienen rompiendo las muelas,
que me vienen robándote, madre.

Tengo, madre, vestido de blanco,
siento espinas tostando mis manos,
siento, madre, que vienes muriendo,
que tu risa estremece mis brazos.

Tengo, madre, aquel traje azul
y recuerdo tu ceño fruncido
que despojo hasta el último trapo,
y mis versos con trapo desvisto.

Tengo escuelas vacías de libros,
tengo niños que lloran reír,
busco noches a solas contigo,
busco días poderte vivir.

CUATRO LETRAS

... mas no siento envidia del poeta ni del pintor; yo puedo
ver una flor al revés y una vaca
con los cuernos hacia adentro; eso, sin hacerle
daño a mi raciocinio,
sin temer a buenos amigos.

Como es de ver, el silencio yace
a mis pies y se regocoja en su sordo
carnaval de verdades muertas, queriendo vivir
con mentiras atragantadas en gritos horribles.

Dicen que lo bello no cabe en cuatro
letras gastadas, pero para perder la idea
no vale la pena ir a un librero; la lengua
es así de por ella misma.

A QUIEN

A quién podría pedir que me haga un verso,
quién tendría valor de percibir
en mi risa el dolor de tantos muertos,
y en mis ojos, lo difícil de vivir.

A quién podría pedir que me cantase
una canción que llene de mis formas,
quién tendría el valor de hacer conmigo
una música llena de mis notas.

A quién debo pedir que no me rompa
la piedra gris donde quiero morir;
a quién debo decir que no confunda
la piedra blanca con mi piedra gris.

1987

ALUCINACION

..yo me he ido imaginando el mundo
lleno de sustos
con tiras verdes colgadas de los árboles en cada parque

y regreso cansado del cementerio
al que no he ido nunca

en la esquina, no lejos de aquí
hay un café
en el que trabaja una mujer
que no sé por qué
me parece tan pobre, tan desamparada
cuando limpia las mesas con su trapo

a veces creo que ella
es como una tira verde
que cuelga de la tierra
que se mueve entre las mesas
sin decir una palabra
(porque las tiras no hablan)

cómo explicar lo que quiero decir
si vengo de un cementerio
al que nunca fui
si voy por la calle
apartando con mi ser y mis brazos
cada tira que cuelga
verde
tan verde como los sapos

y quién podría creer
en mi ataque de nervios

del día
cuando en el parque vi
colgada
a la risa de una niña
una tira transparente
de cristal

1987

EL PASADO

El pasado es una lágrima, un destello
que abandona de improviso la mirada;
es un gesto que te niegas, es recuerdo
sin colores ni horizontes, es la nada.

La traición se hace banal y pasajera
cuando el cuerpo se colma de dolores;
como chiste ignominioso que se espera,
sin amigos, sin amantes, sin amores.

El pasado fue el invierno más hermoso,
de inocencias y sueños todo pleno,
sólo a veces, cual presente caprichoso,
nos destruye la palabra y el empeño.

Sin pasado sólo fuéramos viciosos,
sólo fuéramos adictos al olvido,
no tendríamos el amor, ni el más hermoso
estar quedo, taciturno, incomprendido.

2013

SOY CASI

Soy casi lo que ves, y tocas
a la puerta del olvido, y es
el golpear de tus nudillos broca
que pone mis paredes a tus pies.

Eres un lunes, o un después
de razones ilegibles, y te olvidas
que el roce de tus dedos sólo es
eslabón de dolor, suerte de Midas.

He de vivir el día tan casual
como cualquier martes o domingo,
un octavo día o un día final;
he de vivirlo, solo he de vivirlo.

Buscaré habitarlo junto al mar,
un mar sin tu color, sin tus angustias,
y he de abrirte la puerta tan casual
que apenas si me harás una pregunta,
una enorme pregunta, singular.
Mientras evito el toque de tu mano
escucharé cómo susurras un ¿qué tal?
Será ese el fin de lo pasado,
de un pasado que fuera sin final,
calendario infeliz de un desgraciado
que fue acaso tu amor o tu pecar:
da igual, nada es ya lo imaginado.

2013

EL ALMA, EL ÁNIMO, EL ÁNIMA

Las ánimas que de tu ánimo se adueñan
animan a hospederos del desánimo
que en el alma vacía aun se empeñan
cual jardín que de ortigas se ha llenado.

Las almas vacías te rodean
con oídos gigantes que te halagan;
son ánimas desnudas de tu idea
que te animan, te embobecen, que te tragan.

Una flor es la imagen más preciada
que de tu ánima brota y me captura
no es bruma la flor, es estocada
que se asesta al corazón, al alma impura

y se muere feliz de tal acierto
si tu ánima zozobra de valores
que confusos se atropellan y te atrapan
como ortiga que invisible entre las flores.

Es ya noche y se niega el alma mía
a la bruma, al oscuro a los pesares.
Soy el ánima que sólo es alegría,
como el viernes suele ser de los juglares.

2013

REDENTOR

Verso que juegas de todo enamorado
de la risa ajena, del llanto de todos,
sálvame del duro caer de mis manos,
inerte y rendido triturar de mis codos.

Pulso que mueres al séptimo latido
más acá del verso, más allá del decir,
sálvame del verbo indecible y ungido,
desdóblate en trazo, te quiero escribir.

Humo que llegas lleno de apellidos,
de olores mezclados, de llanto que brota,
sálvame del duelo negro de este frio,
tórnate en niebla, condénsate en gota.

Imagen sombría, a veces te miro,
a veces te toco y apenas lo notas;
sálvame otro día, alarga el destino,
conviértete en verso de métrica ignota.

SOY

Yo soy sabana y rocío,
suave susurro del monte,
crudo trino del sinsonte,
eterno arrullo del río,

crecido en el albedrío
de la infinita sabana,
neblina que de mañana
se copa del lomerío;

y soy como un verso mío
que se derrama al azar
cual agua para tomar:
limpio, fresco y algo frío.

Yo con tu risa sonrío
y con tu llanto me duelo,
yo junto a tu estar me quedo
y con tu andar yo me lío.

2013

MI MUNDO

En mi mundo de conejos
trozos de amor cuelgan del cielo,
y es cada ser un niño eterno.
Los huracanes de mi mundo
se alimentan de oros viejos.

En mi mundo pequeño
nievan luceros.
Es el mundo más bello, mi universo de no estar.
Y a veces lo veo lejos, lejos
del morir,
del querer,
del luchar.

1987

DETENIDO

Frente a una puerta de mi viejo barrio
hay gritos horribles que saludan al sol,
hay un hombre que vive sus miles de años
vistiendo de rosas su viejo dolor.

Hay una mujer que no sabe reír
de manos huesudas y regia mirada;
allá donde vivo aprendo a sentir
que sin mí la vida no vale nada.

Hay gente que lleva sus dos apellidos,
su usted, su perdone, su venga conmigo;
hay hombres más cultos que la bella palabra
dicha, mal dicha por un campesino.

Y hay muchas flores allá donde vivo,
hay viejos y amores de malos amigos.

1988

DÍA 13

Si marzo fuese enero,
yo habría nacido el viejo año nuevo,
en una primavera fría
con flores escarchadas y aves entumecidas.
Si marzo fuese un tanto el viejo enero
de fríos días angostando trinos,
entonces habría yo nacido
sin mucho apuro un día primero.
Pero a fin de cuentas marzo es diferente:
es más un febrero que muere,
es más abril postrero,
y sin otro remedio, soy
nacido un mes tercero,
justo antes de primavera,
después de invierno,
sin otro don que mirar fijo y escribir quedo.
Si no hubiese visto en mis días primeros
la eterna primavera y el amor eterno
de mis pies descalzos y mis tantos sueños,
no habría podido ni una mar de ingenio
arrancar apenas un solo verso.

2013

A REINALDO

Aún vivo allí, en el bosque ausente,
en la piedra lisa y lavada del camino;
aún sigo allí, de amor presente.

Ya no será la primavera, ni el otoño
de trino de abril, o de ciclón sin nombre;
todo ha muerto de golpe, sólo el hombre
es el mundo indestructible de sus sueños.
Ni muerte ni odio en el recuerdo,
sólo el crudo sabor de aquella vida
y una lluvia bienhechora que al momento
beneficia mi piel que la transpira.

Una risa indiferente y mil amores
que inocentes se ofertan o atrevidos;
nada es ya como todo fuera entonces,
todo es parte inevitable del olvido.
Se resiste mi mente en afán fiero;
sin la pluma mi mente vencería,
pero es fuerte la lluvia en mis recuerdos,
y la piedra, y la noche, y cada día.

Nunca supe por qué y quizás nunca
se despeguen de sus tumbas los secretos
de humillantes confesiones y herejías
que leyeran como póstumo decreto.

Alguien sabe, alguien sabe en poesías
de las noches, las penurias, del acierto
de otros muertos que soñaban algún día
volar libres los fantasmas de su espectro.

Una boina militar jamás podría
cobijar la ternura de un poema;
una boina singular lo lograría,
o quizás sólo cubriera su dilema.
La partida fue traición, mas el regreso
es la mano de la austera salvación;
una letra sin embargo es el destierro,
una cruz de ceniza, un aldabón.
Sólo el mar, sólo el monte, la llanura
me recuerdan casi muerto, casi olvido;
no pudieron entonces sus soldados
cultivar en mi civismo sus descuidos.

No pudieron vestirme de rosado,
ni mis versos pudieron, los malditos;
en el verde ignorante de su estado
se quedaron sin saber como decirlos.
Complicar hube de yo rara mi lengua,
pues decir de línea en forma cosa clara
fuera muerte que en mi vida se posara;
respirando tuve yo mi vida en mengua.

2013

QUERELLA

Dichoso el verso que de afanes llena
al viejo árbol y a la eterna piedra,

y no las palabras, no la frase ajena,
ni el cráneo sin nombre con su sombra negra;

sí los torrentes que explotan mis venas
de ríos que cantan arrullo de penas.

Desde aquesta orilla a la orilla aquella
se mece una cuna, el agua la lleva.

Yo me hice hombre, mas nací poeta
sin prisa, sin ansias, sin saberme apenas.

Convertí en cuartillas trozos de tarjetas;
medias cajetillas o a la misma tierra;

a Dios por testigo que escribí poemas
en la dura piedra, en la suave arena

Ya nadie los tiene, nadie los recuerda.
Sólo cuenta un árbol que leyó en la piedra:

"Era noche oscura
era densa niebla
era fresca el agua
y fértil la tierra".

Y agrega cansado de sus muchas eras:
"Moriré feliz el día que muera
caeré rendido, besaré la piedra".

2013

SIN FIN

De este tren en que la vida me transporta
pasajero involuntario atareado;
se escucha el chirriar, uno que aborda,
el silencio de uno que ha bajado.
No recuerdo el día que abordé,
ni quién en mi parada fue dejado,
ojalá no sea mi culpa la de haber
detenido aquel instante desgraciado.

Después fue la vida como fue,
toda juego gravitante y engañoso,
con ajenas estaciones, y mi tren
cada vez mas crujiente y presuroso.
Qué paradas horrorosas me arrancaron
el juego, la inocencia, la quietud,
tan sólo la sonrisa me dejaron
y un pedazo inservible de virtud.

2011

LA RENUNCIA

Con su nombre y esperanzas,
su vocación de caudillo,
tocó a mi puerta una tarde,
más hambriento que tranquilo.
Le di del pan que en mi mesa,
de mi agua, de mi vino,
y lo llevé hasta la puerta,
de regreso a su camino.

Quedé olvidado en mi casa,
y al ardor de mi destino
se calentaron mis huesos,
dolientes por tanto frio.

Viviendo en tierra maldita,
dueño de mi paraíso,
hablando simple mi lengua,
comiendo sin pan ni vino.
Así salvé el laberinto
engañoso del caudillo.

Ya no me anima la suerte
de tanto nombre atractivo,
porque viví aquella vida,
medio muerto medio vivo,

porque conozco la gloria
torpe de los enemigos.
Lo dejo vivir su muerte,
tengo pan y tengo vino,
tengo otros amaneceres,
que de pronto, más tranquilos;

91

tengo el rostro de mi hija
y otro que nunca olvido,
sueño que mis muertos viven,
y mientras sueño, los cuido.
¿Qué más puede de la vida
pedir aquel campesino?
La lluvia de su cosecha
y salud para sus hijos.

2011

POR

Por un pedazo de sangre
que cae a la tierra,
los hombres suelen llorar;
por un pedazo de tierra
lleno de sangre,
los hombres suelen pelear.

Llena de risa tu suerte,
tu segundo final,
que lo oscuro no es muerte,
el día lo va a acabar.

Levántate de mañana,
quema tu cama,
vete a morir,
si tu sueños de anoche,
como por encanto,
te hicieron reír.

1987

MI CIUDAD

Cómo me siento en mi gran ciudad
llena de ruidos, de polvo y sueños;
¿por qué mis muertos no quieren ya
decirse en gritos ni en manifiestos?

Tengo deseos raros de ser,
de dar pedazos porque deseo,
de andar tranquilo entre tanta muerte,
de estar inquieto cuando hay paredes.

Cómo decir que quiero estos gritos
que halan pedazos de la garganta;
cómo explicar que esta noche oscura
le entrega trozos de amor al alma;

cómo llegar hasta cada esquina
y gritar: "¡no miren, que estoy llorando!"
Cómo agarrarme de cada yerba
y no reír de este olor amargo.

Hay dos paredes de mi ciudad
llenas de sangre y golpe de balas;
hay tanta belleza en mi soledad
que mejor callo.. mejor nada.

1988

PARA MAÑANA

iré al puerto
a esperar tu velero
que viene tranquilo
besando las olas
y tú entre mástiles
alzando tus años
harás con un gesto
una historia de amor

iré al puerto
a mirar tu sonrisa
prensada de un tiempo
que ya será pasado
iré para ver
si ha cambiado tu vida
si has vestido mis ojos
si ya me has amado

tu pelo agitado
al deseo del viento
que viste de roble
tus puños salados
dirá que los años
fueron largos e inquietos
sabrá desde lejos
que has regresado

llegaré a nuestro puerto
rompiendo escalones
mirando tus olas
cargadas de amor
mirando un velero

95

que arriba callado
buscando tu pelo
que puede que no

1988

RECUERDOS

Yo pienso en el trillo rojo, ahogado en la hierba,
y en mi toalla dorada del amanecer;
los años no van quedando, mi vida ya es cierta,
a mi vida de ayer no puedo volver.

Cuando me siento en mi muerte, vivo rodando,
y una lluvia de insectos me camina el cuerpo;
mi vida aún no se ha ido, se queda esperando
mi humilde decisión de ser vivo o ser muerto.

1987

CIERTO VERSO

Esto no es un verso, no lo es
aun cuando lo midas y lo cantes;
es tedio, es cansancio o es tal vez
un intento fallido de nombrarte.

Esa brisa no es brisa, y aún la ves
en la rama que se mueve agradecida
de la lluvia que la lava, sin saber
que la lluvia tomó vida de su vida.

Mi razón es tu razón y no lo es,
el abismo que la entorna es solo mío;
el vacío donde habita podría ser
de los dos, mas soy dueño del vacío.

Cada letra puede ser toda la vida
del lector que la bendice o que la ignora;
para mi son la letra y el escriba
marcadores infalibles de mis horas.

2014

TE RECUERDO

Como siempre que de ti al verso escapo,
en el verso te oculto cual razón
vergonzosa y doliente de un pasado
que transpira cada letra a la sazón.

Vi tu rostro de vergüenzas enjuagado
y tu risa atesoré mientras te hablaba;
inocentes y amantes del pasado,
nos miramos, engañosas las miradas.

Eras tu detrás de algunos gestos
que cubrían tus deseos, tus impulsos;
era yo acusándote del hecho
de negarte a un amor muerto y oculto.

Una línea invisible nos separa,
más allá será el eterno conformismo,
una marca inaccesible nos ampara,
más allá sólo seremos eufemismos.

Fue muy breve, muy breve la expresión,
el acierto tras la frase, la mirada;
un café tras un café fue la traición,
el amor de nuestras risas trastocadas.

Esperaba algo más bello y natural:
la llovizna, la floresta, el arroyuelo;
esperaba indiferente ser casual
y no verte más acá de algún recuerdo.

Sin los sauces de jardines intangibles,
sin pagar tanta deuda de pasión.

Tu sonrisa fue el aliento imprescindible
del continuo palpitar del corazón.

2014

CORTO

Ven y acaba conmigo
con mi ser, con mi estar
que mis pocos amigos
no se van a enfadar

1987

VERSO DESNUDO

Verbo desnudo que despacio tocas
sin tu cobarde adverbio mi destino,
como esquivo beso de su boca,
sustantivo y voraz, cruel y mezquino.

Para todo futuro hay un camino
que del pasado remoto se tejiera;
el presente es la puntada o es el hilo
que perfora, que ata, que desvela.

Se es feliz, muy feliz enmudecido
cuando se deja hablar a la mirada,
sin verbos, sin adverbios, sin los giros
que al alma desnudan en palabras.

Se es feliz, muy feliz andando a solas
sin la atenta presencia centinela,
como es feliz la orilla sin la ola
que ha robado pedazos de su arena.

Aun cuando compartes estás solo,
como si nada fuese cierto en derredor,
a plena luz se ocultan tus tesoros,
las séptimas y oncenas del amor.

Y se hace esquivo el verso, como el verbo
se viste de pigmentos engañosos
para escapar del poeta que da cuerpo
de algún significado ponzoñoso.

En esa suerte de artes y dolores;
me enrolo, me aprisiono, me detengo.

La vida se me escapa de algún modo
en alguna de las frases que discierno.

2013

PARA PODER

para poder hablar
tengo cuatro pedazos
de lenguas en mis dedos
y verdades azules
no venidas del mar

para miles de espinas
sí existe un solo hombre
sobra sangre en su cuerpo
para tragarlas todas

1987

JUGLAR

Un día más y aún te espero;
ayer sólo éramos pasión,
incógnita razón de un sentimiento
mas hoy te quiero, mas hoy te quiero.

Molinos en cotas mal vestidos,
vendaval de amenazantes malabares
giran al borde del camino
en mis juglares, en mis juglares.

Ya sale el sol, ya me entorpece
de entre los pinos la mirada;
aún te recuerdo, ya amanece,
mi bien amada, mi bien amada.

2014

RELOJ DE ARENA

Pequeños granos diseminados
mi vida toda se la han robado.

Llanto de piedra que limó el mar,
sobre mi mesa gobernarás.

De copa a copa, grano tras grano,
cual risa y pena van de la mano.

Canto de tiempo, marca de sol
de la impaciencia gobernador.

Te miro y callo, callo y escribo.
Serás al cabo cual sustantivo,

serás acaso cruel carcelero
que pertenece a su prisionero.

2014

VERSO FINAL

Mirarte a los ojos,
despeinar tu pelo,
quebrarte la risa,
poder tus adentros

fue por muchos años
mi único sueño
de noches contigo,
de amor sin tu cuerpo.

Trastocados sueños
de mis noches frías
se hicieron corpóreos,
tornáronse vida.

2014

AUSENCIA (hoy, ahora)

Si no hubieras dicho adiós,
Te creería conmigo:
Haciendo un largo café,
O en esos extraños ruidos
Que se escuchan por doquier
Sin razones ni motivos.

En fin si te hubieras ido,
Sin pronunciar frase alguna,
Aún estarías conmigo,
Curando mis amarguras.

Por eso cuando regreses,
Si tuvieras la fortuna,
Entra y termina el café,
Que no habrá una cerradura
Denunciándote al pasar,
Desnudándote las culpas.

2011

POESIA

Nada es ya poesía
Ni morir de amor ni llorar por ti
Ni soñarte en tanto escapas de mi
Nada ya sería.
Ese tonto andar de manos asidos
Con la vida toda revuelta en olvidos.
Nada es ya tu risa
Que de sueños sueños me llenara el día
Y de noches noches la melancolía.
Si de tanto amarte no hubiere pecado
De nunca tenerte no hubiese sufrido.
Y tu cuerpo todo habría olvidado
Y tu nombre fuera otro más que olvido.
Pero nada fue y vuelves conmigo
Tal como un día sin adiós te fuiste.
De repente solo pregunto tu nombre
Algo me susurras y de nuevo existe.

2016

CANTARO

Viene cantando a la fuente
Quinceañera enamorada
Del cántaro asida viene
Hacendosa y ocupada.
El cántaro a la cadera
Inclinándose a caer
Que una curva de mujer
En la caída le espera.

Si ser o no ser pudiera
De sus sueños yo el señor
Preferiría el honor
Del cántaro en sus caderas.
El agua fresca la espera
Y su canción se detiene
Un sorbo fresco la llena
Que de la mano le viene.
De agua cubre su sien
De agua remplaza el sudor
Y al cántaro con amor
Desborda de agua también.
Y enamoradas las aves
Bebidas y no bebidas
Trinan amor a la vida
De un cabello negro y suave.
Quinceañera que no sabes
La fuerza de tus amores
Ciñes al cabello flores
Para engañar a las aves.

Llora la fuente el ultraje
Te volteas, la abandonas

El cántaro suave tomas
Cual delicado equipaje.
Agua fresca te has llevado
En el brillo de tu pelo
Y tus sudores han dado
Sabores al arroyuelo.
Todos te vieron llegar
Forma de amor y poema
Todos te miran soñar
A todos el alma llenas.
Y tú no sabes que hacer
Con tanto cuerpo dispuesto
Tienes todo de mujer
Solo te falta saberlo.

2015

VERSO CORTO

Ladear la piedra y seguir
Sin cejar en el empeño
De caminar hacia un sueño
En eso se va el vivir.
Y no saber que decir
Cuando el dolor te interpela
Porque el hablar no consuela
Si la ocasión fue morir.

2015

DESDE

Desde tu incrédula muerte te revelas
Más acá de tu estar te siento viva,
Preocupada de mi sueño me consuelas
Cuando sufro del sanar de tus heridas.
Se hace vida la noche y más me cuidas
Sin saber que es la muerte en donde habitas,
O quizás simplemente no te importe
Transcender en largo sueño... ...ser más viva.
Cuidaré de cada noche en que regreses
Preocupada e inocente sin heridas
Si saber que serás muerte si amanece
O si llega mi soñarte a su medida.
Es breve la mañana y engañoso
El pesar que vivir causa a la vida
Sin sufrir no seríamos tan dichosos
Sin dolor no hay razón en las heridas.

2015

VERSO PERDIDO I

No me corto una oreja y te la doy
Pues no soy pintor sino poeta
Yo me arranco el corazón y te lo entrego
Entre frases mal raídas por mi letra.

1995

VERSO PERDIDO II

Donde estaban los galanes y los Lores,
Cuando el clavo, la llovizna y los tormentos,
Cuando el piso era de piedra y de ratones,
Cuando había que dormir junto a tu perro.
Donde estaban los bonitos y elegantes,
Los que vienen de salir, los que se usan.
Esperaban de este pobre laborante
La tarea algo menos inconclusa.
Que te dije?, ¿qué dijiste?, yo no sé,
¿Qué de miedo te causaron mis preguntas?
¿Qué razones hay ocultas de tu ser?
¿Qué en la forma de mi amar hay que te gusta?

1995

SI MORIR

Si morir sin morir fuere la vida
Marca de dolor, insana herida
De mi carne daría carne al cuero
Y carne al andar, sin más daría.

Así la vida de la muerte al día
De morir sin morir más viviría
Que no hay dolor que duela breve
Ni pesar que dure solo un día.

Cuando falta la risa el alma muere
Y de risas el alma sufre impía
Así vas de lo que alegra a lo que hiere
Como del morir retornas a la vida.

Qué más da si te ausentas o te mueres
La vida es lo que ves, la muerte olvidas
Y el olvido la pena que tal vez
Borraras de la piel con carne ungida.

2015

MENSAJE DE LUZ

En el poste de la esquina
La doña Luz me dejó
Un mensaje de rutina
Y por ventura ocurrió
Que se voló el pergamino
En el momento preciso
Que desandaba el camino
Un iletrado cliente
Quien iluso y diligente
Y con primitivo afán
Vino a mi escritorio a dar
Buscando yo descifrara
Lo que el viento le entregara
Por irónico descuido
Así de Luz he sabido,
Como por de Dios capricho
Ahora estoy agradecido
Al conjunto más casual,
Que es un palo vertical
Un tonto con inocencia
Y un Dios que a veces maldigo.
Muy simple corre la vida
Muy enmarañada la ciencia
No hay yagua ni en apariencias
Que se le escape a su vaca
Ni Salamanca se escapa
De tal torcido acertijo
Pero en fin he recibido
Por albures del destino
La nota y agradecido
Me regocijo leyendo
Lo que a la par viene siendo

Desandar de mis caminos.

2014

EXILIO

No hay noche en que no recuerde
Por fugaz que sea el segundo
En que lugar de este mundo
Quiero esperar a la muerte.

52443410R00078

Made in the USA
Lexington, KY
29 May 2016